북극곰 윈스턴, 지구온난화에 맞서다!

글쓴이 | 진 데이비스 오키모토 **그린이** | 예레미야 트램멜 **옮긴이** | 장미정 **편집** | 이은희 **디자인** | 김민서

펴낸곳 | ㈜도서출판 한울림 **펴낸이** | 곽미순 **출판등록** | 2004년 4월 12일(제2021-000317호)
주소 | 서울특별시 마포구 희우정로16길 21 **대표전화** | 02-2635-1400 **팩스** | 02-2635-1415
블로그 | blog.naver.com/hanulimkids **인스타그램** | www.instagram.com/hanulimkids

첫판 1쇄 펴낸날 | 2012년 2월 14일   11쇄 펴낸날 | 2025년 3월 28일
ISBN 978-89-91871-89-2 77840

* 한울림어린이는 ㈜도서출판 한울림의 어린이 책 브랜드입니다.
* 잘못된 책은 바꾸어 드립니다.

어린이제품안전특별법에 의한 제품 표시   제조국 대한민국   사용연령 8세 이상

북극곰 윈스턴, 지구온난화에 맞서다!

진 데이비스 오키모토 글   예레미야 트램멜 그림   장미정 옮김

한울림어린이

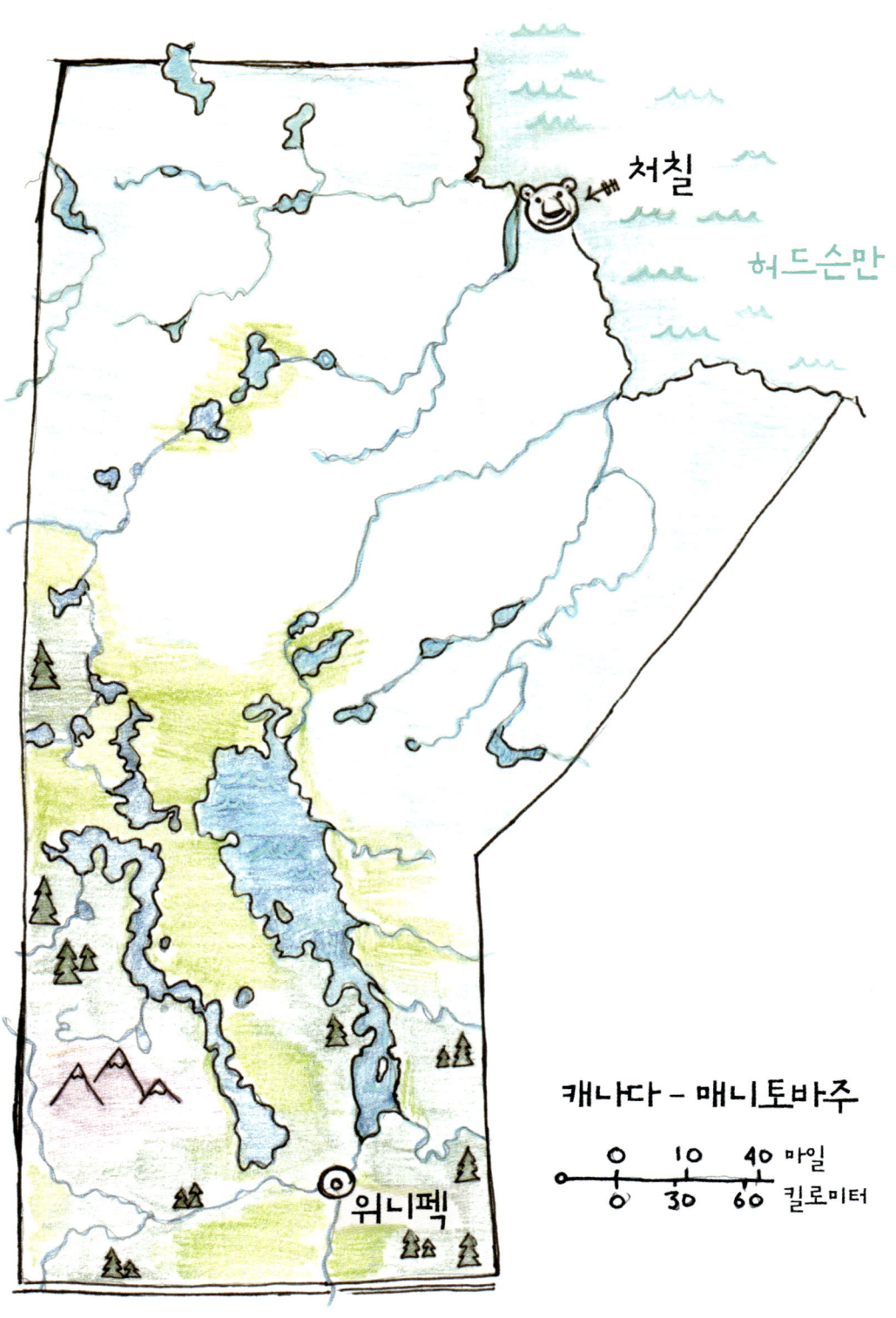

Winston of Churchill
one Bear's Battle Against Global Warming

Copyright © 2007 by Jean Davies Okimoto
Illustrations copyright © 2007 by Jeremiah Trammell
All rights reserved
Published under arrangement by
Jean Davies Okimoto c/o Robert Astle © Associates Literary Management, Inc,
419 Lafayette Street, New York, NY 10003 and Icarias Literary Agency, Korea
Korean translation copyright © 2012, Hanulim Publishing Co., Ltd.

이 책의 한국어판 저작권은 이카리아스 에이전시를 통한 Jean Davies Okimoto c/o Robert Astle & Associates Literary Management, Inc과의 독점계약으로 ㈜도서출판한울림이 소유합니다.
저작권법에 의하여 한국 내에서 보호를 받는 저작물이므로 무단 전재와 복제를 금합니다.

캐나다 매니토바주 처칠 마을에 사는 윈스턴은 엄청 큰 북극곰입니다. 매년 늦가을과 초겨울에 윈스턴과 북극곰들은 먹잇감을 사냥하기 위해 처칠 마을 근처에 있는 허드슨만의 얼음 위로 모여듭니다.

윈스턴은 용감한 북극곰입니다. 윈스턴이 말하면 모든 북극곰이 귀를 기울입니다.

어린 곰, 나이 많은 곰, 엄마 곰, 아빠 곰, 소년 곰, 소녀 곰, 아기 곰까지
모두 털이 수북한 머리를 돌리고 숨죽인 채 이야기를 듣습니다.

"사랑하는 친구 여러분, 나는 오늘 심각한 이야기를 하려고 이 모임을 열었습니다."

"얼음이 녹고 있습니다. 우리가 살 곳이 사라지고 있습니다. 이제 행동에 나서야 할 때입니다. 편안하게 가만히 있어서는 안 됩니다. 용기를 내야 합니다."

"우리의 남은 삶을 쓰레기장에서 보내고 싶습니까?"
"아니요! 싫습니다! 우리에게는 얼음이 필요해요. 얼음을 지켜 주세요!"
북극곰들이 외쳤습니다.

"우리는 얼음을 지키기 위해 싸울 것입니다. 어떤 희생을 치르더라도 우리의 섬을 지킬 것입니다. 우리는 바닷가에서 싸울 것입니다. 우리는 땅에서 싸울 것입니다. 우리는 들판에서, 거리에서, 언덕에서 싸울 것입니다. 우리는 결코 포기하지 않을 것입니다."
윈스턴이 소리치자 모두 환호성을 질렀습니다.

그때 맨 뒷줄에 있던 아기 곰이 손을 들었습니다.
"왜? 무슨 일이니?"
윈스턴이 아기 곰에게 물었습니다.
"우리는 섬에 살지 않잖아요. 우리는 매니토바주에 살아요."
"그래, 그냥 비유적인 표현이었단다."

아기 곰이 다시 손을 들었습니다.
"저, 질문이 하나 더 있는데요."
"또 뭐지?" 윈스턴이 담배를 피우며 물었습니다.
"우리는 누구랑 싸우는 거예요?"

"막 그 이야기를 하려던 참이었단다." 윈스턴은 계속 담배를 피우며 말했습니다.
"얼음이 녹는 건 사람들이 자동차를 많이 타고, 굴뚝에서 연기를 마구 뿜어내고, 나무를 함부로 베어 내기 때문이란다. 사람들 때문에 지구가 점점 뜨거워지고 있어."
"어떻게 그런 일이 일어나는 거예요?"
"그걸 알려 주려고 이 책을 썼단다. 이리로 와서 사람들에게 책 좀 나누어 주겠니?"

지구는 태양에서 오는 열이 지구 밖으로 빠져나가지 않도록 보호하는 기체로 둘러싸여 있어요. 이것을 '대기'라고 해요. 그런데 만약 대기 중에 어떤 가스(온실가스)가 너무 많아지면 지구 밖으로 열이 빠져나갈 수 없어서 지구가 점점 뜨거워져요.

"왜 지구는 점점 뜨거워지는 걸까?"

지구의 북아메리카, 캐나다 매니토바주 처칠 마을에 사는 윈스터 지음

예를 들어 자동차를 움직이기 위해 연료를 태우면 이산화탄소가 나오고, 쓰레기를 땅에 묻으면 썩으면서 메탄가스가 나오지요. 또 석유나 천연가스나 석탄을 사용하면 아산화질소가 나와요. 이런 온실가스가 많아질수록 지구는 점점 뜨거워져요.

반대로 녹색식물은 이산화탄소를 산소로 바꾸어 줘요. 그러니까 사람들은 온실가스와 쓰레기를 줄이고, 나무를 보다 많이 심어야 해요.

"그럼 우리는 뭘 해야 하나요?"
"우리는 아무것도 할 수 없습니다. 우리는 곰입니다. 차를 몰고 다니지도 않고, 석탄을 쓰지도 않습니다. 우리는 추운 것을 좋아합니다." 윈스턴이 말했습니다.
"네, 얼음을 지켜야 해요!" 모든 북극곰이 외쳤습니다.
"변해야 하는 것은 우리 북극곰이 아니라 사람들입니다. 우리는 얼음을 지키기 위해 사람들을 설득해야만 합니다!" 윈스턴이 소리쳤습니다.

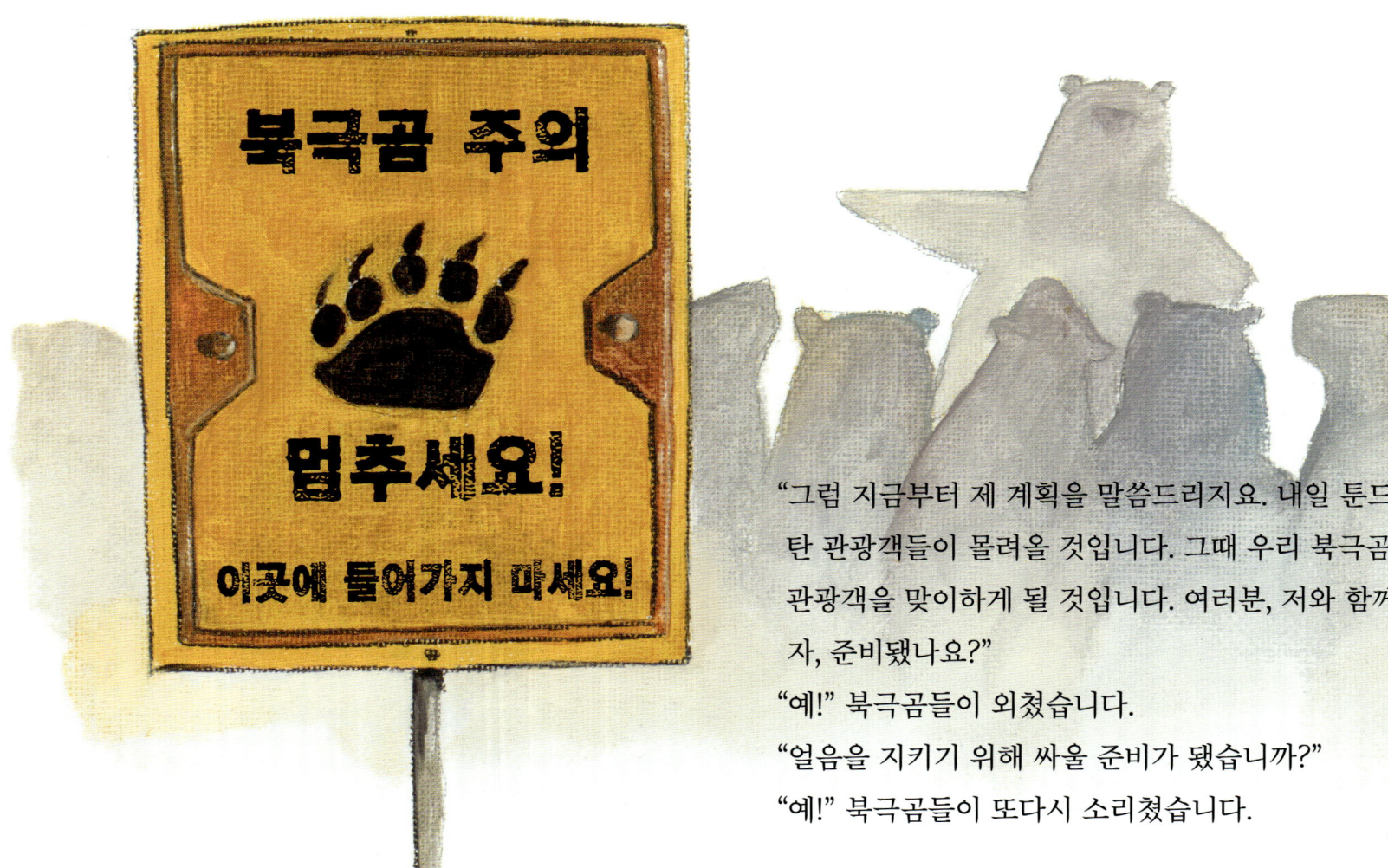

"그럼 지금부터 제 계획을 말씀드리지요. 내일 툰드라 관람차를 탄 관광객들이 몰려올 것입니다. 그때 우리 북극곰 시위대가 관광객을 맞이하게 될 것입니다. 여러분, 저와 함께하시겠습니까? 자, 준비됐나요?"
"예!" 북극곰들이 외쳤습니다.
"얼음을 지키기 위해 싸울 준비가 됐습니까?"
"예!" 북극곰들이 또다시 소리쳤습니다.

그런데 그때 한 북극곰이 "아니요!"라고 외쳤습니다.
모두 누구인지 쳐다보았습니다.

그 북극곰은 다시 한 번 "아니요!"라고 외쳤습니다.
바로 윈스턴의 아내였어요.

윈스턴과 윈스턴의 아내는 무리에서 떨어진 곳에서
조용히 이야기를 나누었습니다.

"왜 반대하는 거예요?" 윈스턴이 아내에게 물었습니다.
"여보, 난 당신이 담배를 끊지 않으면 시위에 참여하지 않을 거예요. 당신은 공기를 오염시키고 있어요.
 담배는 지구를 뜨겁게 만들잖아요. 바로 당신이 공기를 오염시키고 있다고요."
"담배는 그저 담배일 뿐이에요." 윈스턴이 말했습니다.
"이렇게 작은 노력조차 하지 않으면서 어떻게 사람들을 설득할 수 있겠어요? 어서 담배부터 끊어요.
 당신이 계속 담배를 피운다면 난 함께하지 않겠어요!" 윈스턴의 아내는 윈스턴을 쏘아보았습니다.

다음 날 아침은 맑고 추웠습니다.
처칠 마을에 있는 관광객들이 하나둘 일어나기 시작했습니다.

관광객들은 마을 식당에서 아침을 먹었습니다.

이제 북극곰을 만날 시간입니다.
관광객들은 툰드라 관람차를 탈 생각에 아주 신이 났습니다.

몬태나주 빌링스에서 온 사람, 워싱턴주 타코마에서 온 사람, 오리건주 포틀랜드에서 온 사람,
메인주 브런즈윅에서 온 사람도 있었습니다.
일리노이주 에반스톤에서 온 사람, 오하이오주 허드슨에서 온 사람, 아이다호주 보이시에서 온 사람,
노바스코샤주 핼리팩스에서 온 사람도 있었습니다.
심지어 일본 도쿄에서 온 가족, 뉴질랜드 오클랜드에서 온 남녀 세 쌍, 캘리포니아 샌디에이고에서 온 남자,
발음조차 제대로 할 수 없는 이상한 도시에서 온, 웨일스 말을 쓰는 여자 두 명도 있었어요.

관광객들을 태운 툰드라 관람차는 달리고 또 달렸지만, 북극곰을 만날 수 없었습니다.

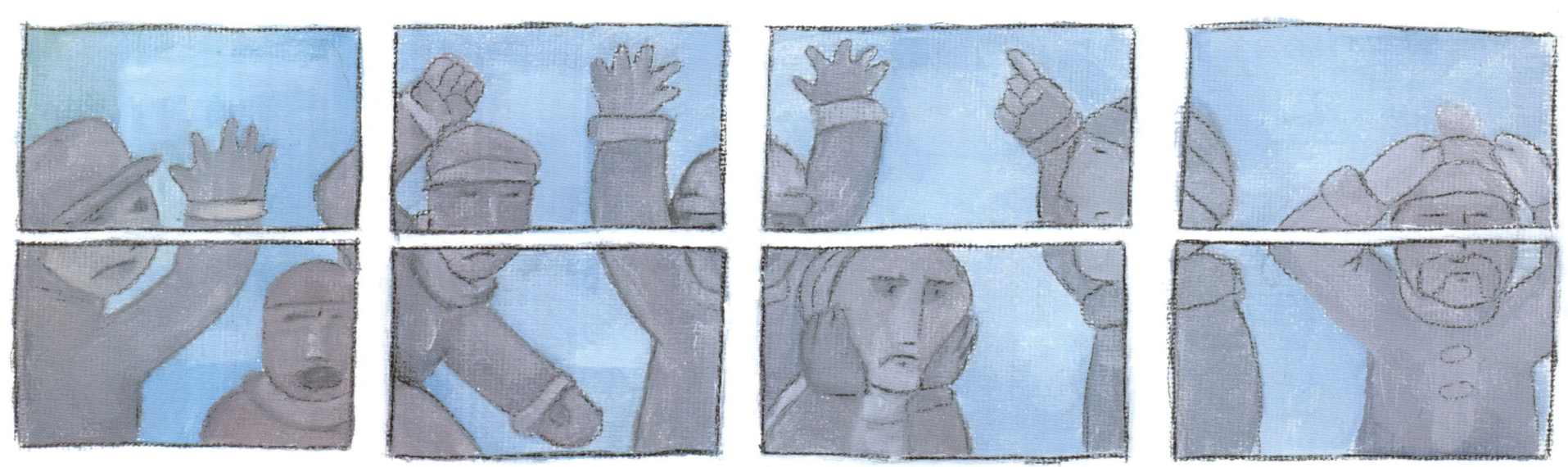

관광객들은 북극곰을 찾으려고 창밖을 쳐다보았지만, 보이는 건 툰드라의 풍경뿐이었습니다. 관광객들은 아주 실망했습니다. 사람들은 투덜거리며 불평하기 시작했습니다. 보이시에서 온 사람은 돈을 돌려 달라고 했습니다. 빌링스에서 온 여자도 마찬가지였어요.

사람들의 불평은 점점 더 커져만 갔습니다. 그때 갑자기 툰드라 지대 저편에서 놀라운 광경이 펼쳐졌습니다.

처칠 마을에 사는 모든 북극곰들이 툰드라 지대를 가로질러 행진하고 있었습니다. 북극곰들은 한 용감한 곰을 따르고 있었습니다.

북극곰들이 따르고 있는 용감한 곰은 입에 작은 나뭇가지를 물고 있었습니다.

"우리가 살 곳을 지켜 주십시오! 그건 여러분에게 달려 있습니다. 우리는 각자의 자리에서 아무리 작은 일이라도 해야만 합니다. 우리가 드릴 수 있는 건 피와 땀, 눈물과 노력밖에 없습니다. 하지만 여러분에게 말할 수는 있습니다. 절대로, 절대로, 절대로 포기하지 마십시오!" 윈스턴이 소리쳤습니다.

관광객들은 북극곰을 보자 신이 났습니다.
사진을 찍고 또 찍었습니다.

관광객들은 집으로 돌아가서 친구들과
가족들에게 그 사진을 보여 주었습니다.

처칠

캐나다

윈스턴

모든 사진에는 '우리는 각자의 자리에서 아무리 작은 일이라도 해야만 합니다!'
라는 팻말을 들고 있는 용감한 북극곰이 있었습니다.
그 북극곰은 입에 작은 나뭇가지를 물고 있었습니다.

북극곰의 비극

지구가 점점 뜨거워지면서 허드슨만의 얼음이 보다 일찍 녹고 있습니다. 이 때문에 북극곰이 먹잇감을 사냥할 수 있는 시간이 점차 줄어들고 있어요. 굶주린 북극곰들은 새끼를 적게 낳고, 오래 살아가지도 못합니다. 보통 북극곰은 먹이를 사냥하기 위해 바다 얼음이 있는 곳까지 헤엄쳐 가야 합니다. 그런데 얼음이 녹으면서 얼음과 얼음 사이의 거리가 점점 멀어져 더 먼 곳까지 헤엄쳐야 하지요. 북극곰에게는 너무 힘든 일입니다. 과학자들은 실제로 바다에 빠져 죽는 북극곰도 있다고 말합니다.

윈스턴이라는 이름에 대하여

북극곰 윈스턴은 실제 사람의 이름에서 따왔습니다. 윈스턴 처칠은 역사적으로 가장 훌륭한 지도자 가운데 한 명입니다. 윈스턴 처칠은 제2차세계대전 중이던 1940년부터 1945년까지 영국의 수상이었습니다. 윈스턴 처칠의 말은 전쟁 중에 사람들에게 희망을 주었습니다. 북극곰 윈스턴도 지구온난화를 막으려는 시위를 벌일 때, 윈스턴 처칠의 유명한 말을 인용합니다.

윈스턴 처칠은 자주 담배를 입에 물고(그때만 해도 사람들은 담배의 위험성을 알지 못했습니다.) 손가락 두 개를 펴서 '승리의 브이'를 만들어 높이 들고 사람들에게 희망을 주었습니다. 윈스턴 처칠은 훌륭한 지도자이자, 화가이자, 1953년에 노벨문학상을 받은 작가였어요.

이 이야기에서 북극곰 윈스턴 역시 작가입니다. 윈스턴의 책 《**왜 지구는 점점 뜨거워지는 걸까?**》는 실제로 《왜 만년설이 녹고 있을까?》라는 책을 바탕으로 쓰였습니다.(앤 로크웰 글 폴 마이젤 그림) 윈스턴 책에 담긴 정보는 많지 않지만, 북극곰이 살아가는 삶의 터전을 지키려 한 생각과 지구상의 모든 생명체를 배려한 점은 의미가 있습니다. 이제 모든 사람들은 각자의 자리에서 아무리 작은 일이라도 해야만 합니다.

글쓴이 | 진 데이비스 오키모토

진 데이비스 오키모토는 극작가입니다. 어린이 책《무뚝뚝이 블럼포가 고양이 아놀드를 만났을 때》를 텔레비전 시리즈로 고쳐 쓰면서 작가로 널리 이름을 알리게 되었습니다. '미국도서관협회가 선정한 최고의 청소년 책', '미국의 월간 과학잡지 스미스소니언이 선정한 주목할 만한 책'에 선정되었고 〈샬럿조로토우 상〉, 〈워싱턴 주지사 상〉 등을 받았습니다. 현재 남편과 함께 워싱턴 주 시애틀 근처에 있는 배션섬에 살고 있습니다.

그린이 | 예레미야 트램멜

예레미야 트램멜은 알래스카에서 태어난 유명한 일러스트레이터입니다.《거대한 양배추, 무스가 지은 오두막집》《알래스카의 한밤중 태양 아래》등 어린이 책에 그림을 그렸습니다. 현재 아내와 함께 워싱턴주 시애틀에 살고 있습니다.

옮긴이 | 장미정

대학에서 환경학을, 대학원에서 환경교육을 공부하면서, 자연과 사람이 함께하는 행복한 세상을 꿈꾸게 되었습니다. 지금은 모두를위한환경교육연구소 대표, 서울대학교 환경교육과정 겸임교수로 재직 중이며, (사)환경교육센터 이사, 한국에너지정보문화재단 비상임이사, 환경부 환경교육진흥실무위원으로도 활동하고 있습니다. 지은 책으로는《뜨거운 지구 열차를 멈추기 위해(공저)》, 《환경아, 놀자(대표집필)》, 《지구사용설명서 1, 2(공저)》《모두를 위한 환경개념사전(공저)》등이 있고, 옮긴 책으로《내 친구, 지구를 지켜 줘!》《내가 지구를 사랑하는 방법》등이 있습니다.